Hoe begin ik met 500 euro een trading-business?

Heikin Ashi Trader

DAO PRESS

Inhoudsopgave

1. Hoe kan ik met 500 euro trader worden?..........................3
2. Hoe krijg je goede trading-gewoontes..........................10
3. Hoe word je een gedisciplineerde trader?......................18
4. Het sprookje van een samengestelde rente 24
5. Hoe verhandel je en 500-euro-rekening?........................28
6. Social Trading..37
7. Ga praten met je broker.......................................43
8. Hoe word je een professionele trader..........................49
9. Traden voor een hedgefonds....................................54
10. Leer netwerken...56
11. In 7 stappen naar een professionele trader...................58
12. 500 euro is veel geld..60
Andere boeken van Heikin Ashi Trader 61
Over de auteur...64
Colofon 65

1. Hoe kan ik met 500 euro trader worden?

De meeste nieuwe traders op de beurs beginnen met een kleine rekening. Het bedrag mag verschillen, maar bijna al deze traders hebben de behoefte om hun klein kapitaal snel te verdubbelen. Deze behoefte is natuurlijk en begrijpelijk, maar juist de drang om dit zo snel mogelijk te doen, is de kern van de toekomstige mislukking.

Het maakt niet uit of ze beginnen met 500 of 1000 euro, de meeste beginners hebben het gevoel dat ze maar een heel kleine vis in het water zijn. En dat willen ze zo snel mogelijk veranderen. Zij geloven dat ze dit alleen kunnen veranderen door de kleine rekening zo snel mogelijk te laten groeien. Ze zeggen dat wanneer de rekening groot genoeg is, dat ze hun baan kunnen opzeggen en als een vrije man (of vrouw) van het traden kunnen leven.

Ook beginnen ze naar tradingstrategieën te zoeken die zorgen voor het hoogst mogelijke rendement. Dat deze strategieën meestal gepaard gaan met een zeer hoog risico negeren zij doelbewust en duiken hals over kop in het avontuur trading. Het gevolg is dat de meeste 500-euro-rekeningen na 3 tot 6 maanden niet meer bestaan. Het geld is weg. Ik verzin dat niet. Dat tonen de statistieken van bijna alle brokers die ik ken.

Dus wanneer je begint te traden met de behoefte om je rekening zo snel mogelijk te vergroten, krijgt dit doel al je energie en aandacht. Dit betekent dat je energie niet gericht is op wat je echt moet doen: eerst een goede trader worden. Of anders gezegd: eerst goede gewoontes in trading te leren.

Zelfs als je meer geld ter beschikking hebt, dan zou ik je nog steeds afraden het geld naar een trading-rekening over te maken. Je bent in het begin zeker niet in staat om dit kapitaal effectief en op een verantwoorde wijze te beheren. Misschien denk je dat je het kan doen, maar ik weet uit ervaring dat de meeste mensen het gewoon niet kunnen. Dus besteed je geld niet zolang je niet hebt bewezen dat je kunt traden.

Leer eerst een kleine rekening te traden. Dit klinkt misschien niet zo sexy, maar geloof me, dit advies kan je slapeloze nachten en een hoop geld besparen.

Dus als je "maar" 500 euro of zelfs nog minder hebt, zie ik het in principe eerder als een voordeel dan een nadeel. Ik begrijp al te goed dat je de behoefte hebt om snel geld te verdienen, omdat ik deze behoefte ook had.

Maar juist deze behoefte heeft mij ertoe geleid dat ik niet de focus heb gelegd op het feit dat ik het vak moest leren. Mijn enige doel in het begin was om dit kleine kapitaal zo snel mogelijk te vermenigvuldigen.

Laten we eerlijk zijn, met 500 euro kom je niet ver. Toch lijkt het me belangrijk dat je leert om ook een klein bedrag te waarderen en op een verantwoorde wijze ermee om te gaan. Dus het te gebruiken alsof het 500.000 euro is in plaats van 500 euro.

Het is natuurlijk onverantwoordelijk om een buitensporig hoge hefboom te gebruiken, die je de meeste brokers jammer genoeg tot beschikking stellen. Natuurlijk kun je bij veel Forex-brokers met 500 Euro daadwerkelijk 50.000 Euro bewegen. Maar dat betekent nog lang niet dat je het moet doen.

Volgens mij zijn de meeste beginners volledig overleveraged op de markt bezig. Ik heb bijvoorbeeld een tijdlang met alleen 2000 euro op mijn rekening een future van meer dan 200.000 euro verhandeld. Dit veroorzaakt natuurlijk veel stress en adrenaline.

En er zijn veel mensen die juist dit zoeken en willen: stress en adrenaline. Voor deze mensen is dat juist goed. Maar dat heeft niets te maken met professionele trading. Het gevolg is natuurlijk dat deze "traders" veel te lang op de verliesposities blijven en hopen dat Mr Market zo vriendelijk is om dit te draaien, zodat ze hun verliesposities ten minste op break-even kunnen sluiten.

Misschien heb je op YouTube een video gezien van een trader die op een mooie dag een verliespositie liet oplopen tot meer dan $30.000? Hij kon het bijna niet geloven dat de markt zijn analyse niet had gevolgd en tegen zijn positie in verderging. Ik kan me niet herinneren dat ik in zo'n korte tijd zo vaak het beruchte Engelse woord f..ck had gehoord.

Deze opname was de apotheose van volledig onprofessioneel gedrag. En als ik het zeggen mag, is dit natuurlijk een werkwijze die "niet cool" is. Zo word je zeker geen professionele trader.

Daarnaast hebben de meeste beginners buitensporige ideeën over het rendement dat op de markt haalbaar is. Ja, je kan per maand 50% maken, of zelfs nog veel meer. Maar daarvoor moet je een hoog risico nemen (met een hoge hefboom traden).

Vroeg of laat zal deze hefboom je juist tegenwerken. Dit gebeurt meestal met een catastrofale trade zoals in de YouTube-video te zien is, waarin de gehele rekening binnen een paar uur wordt vernietigd. Ik spreek hier uit eigen ervaring.

Denk maar niet dat je van 500 euro in korte tijd 5.000 of zelfs 50.000 euro kunt maken. Dit zal je niet lukken en bovendien is een dergelijk akrobatisch stuntje niet eens nodig. Als je verder leest, zul je begrijpen waarom. Er zijn veel rustiger en veiliger methoden om aan dit geld te komen. En dat kan ook met 500 euro in het begin.

Dus schroef eerst je rendementsverwachtingen terug. Inplaats van 50% per maand zou ik als trader beginnen met 20% per jaar. En geloof me, als je dat kunt, dan ben je verdomd goed.

Ik weet dat ik misschien sommige lezers zal teleurstellen wanneer ik zeg: 1 tot 2% per maand is een geweldig resultaat. Maar dit zijn inderdaad geweldige resultaten, vooral als je dat elke maand constant kunt doen.

En als je illusies hebt zoals, Hoe kan 1000 euro per maand "verdienen" met een 1000-euro-rekening? moet ik je helaas ook teleurstellen. Zulke rendementen zijn alleen mogelijk wanneer je grote risico's neemt. De kans van slagen wordt elke maand minder en minder, tot hij uiteindelijk nul wordt.

Vergeet het maar! Het zal niet werken, en als dit boek je kan helpen deze illusie te doen vergeten, dan heb je al veel bereikt.

Wat dit boek wel wil zeggen is: Er zijn alternatieven voor deze overdreven verwachtingen. En deze alternatieven zijn veel interessanter en eenvoudiger dan al die andere heldendaden die de trader in het YouTube-videootje ook had uitgeprobeerd.

Ooit kan je misschien je droom van een grote tradingrekening werkelijkheid zien worden, maar de manier waarop is waarschijnlijk heel anders dan je zou denken.

Eerlijk gezegd, ik wou dat iemand dat tegen mij had gezegd aan het begin van mijn carrière als trader. Dan waren jarenlang vergeefse pogingen om een mini-rekening met behulp van futures omhoog te traden me gespaard gebleven.

Natuurlijk kun je op deze manier "ervaring" opdoen. Maar ik wil graag van deze ervaring afzien. Ik wou dat iemand was gekomen en mijn overdreven verwachtingen had meegenomen.

Bovendien zijn deze overdreven verwachtingen typische kleinburgerlijke dromen. Je hebt weinig middelen, geen vermogen en wil graag zo snel mogelijk rijk worden, bij voorkeur zonder hard te werken. Klinkt bekend?

Deze mentaliteit heeft me tal van slapeloze nachten bezorgd. En ik wil je met deze tekst dit allemaal direct besparen, ook al moet ik je een aantal illusies uit het hoofd zetten.

Wie ben ik? Ik ben een trader met meer dan 16 jaar ervaring op de markt, die alle ups en downs van het trading heeft meegemaakt. Ik heb gehandeld voor een hedgefonds in valutahandel en voor een vermogensbeheerder. Ik ken deze industrie met hun trucs vrij goed.

Ik heb dit kleine drama van een beginnende trader, waarvan de hele effectenrekening niet goed afloopt, keer op keer gezien en ik heb het zelf een paar keer gedaan. Dus ik weet waarover ik praat.

Het probleem is niet het geld. Een verlies van 500 euro komt bijna iedereen te boven. Het is een ervaring, en het heeft niet gewerkt. Dit is niet erg.

En weet je wat? Er zijn ook mensen die met een 50.000-euro-rekening of zelfs met een 500.000-euro-rekening beginnen. En na 3 of 6 maanden zijn deze rekeningen ook verdwenen. Hoe zou dat aanvoelen?

Het is ook duidelijk dat het niet het kapitaal is waarom het gaat. Dus het maakt niet uit of je met 500 of 50.000 euro begint. Iets lijkt fundamenteel mis te gaan in deze trading-business, en het maakt niet uit hoeveel geld je beschikbaar hebt.

De behoefte om het beschikbaar kapitaal te vermeerderen zal ertoe leiden dat precies het tegenovergestelde gebeurt. Dit geldt ten minste voor 95% van de beginnelingen. En ik moet bekennen dat dit één van de trieste statistieken zijn die ik ken.

Stel je eens voor: 95% van de leerlingen falen op de bakkerschool, omdat broodjes bakken gewoon een te moeilijk vak is. Dit is zeker niet het geval, en bewijst toch dat er iets goed gedaan wordt in de bakkerijen.

Broodjes bakken is een vak dat je kunt leren, mits je bereid bent om vroeg op te staan en de instructies van de meesterbakker volgt.

Ik stel me hierbij voor dat trading en valutahandel geen moeilijker beroep is dan bakker. Voorwaarde is dat de leerling in trading ook bereid is om vroeg op te staan (maak je geen zorgen, niet zo vroeg als een leerling in een bakkerij!), en de instructies van zijn meesterbakker volgt.

Ook bij het traden gaat het erom de instructies van de meesterbakker in acht te nemen. Helaas gebeurt dit niet en dat is waarschijnlijk de belangrijkste reden waarom de statistieken zo rampzalig zijn als het gaat om succes in trading.

Het is zelfs nog erger. Het zijn niet alleen de instructies van de meesterbakker die niet worden gevolgd, maar de meesterbakker is er gewoon niet. De beginneling in trading zit alleen op zijn kamer voor de pc of laptop en kan in zijn bakkerij doen en laten wat hij wil.

Dit boek zal dan ook gaan over de instructies van de meesterbakker. Het is aan jou, beste lezer, of je dit in acht wilt nemen of niet. De meesterbakker heeft ten minste zijn plicht gedaan.

2. Hoe krijg je goede trading-gewoontes

In principe maakt het niet uit of de trader zijn carrière met 500 euro of 50.000 euro begint. Ik wil je in dit boek vertellen waarom.

Trading is een vak dat net als elk ander beroep eerst moet worden geleerd. Je moet het vergelijken met het leren van "broodjes bakken". En het beste zou zijn als iedereen beginnersfouten maakt, zolang ze alleen maar kleine broodjes bakken. Oftewel: maak beginnersfouten met een zo klein mogelijke rekening.

Ik weet dat er nu een hele rij professionals zullen opstaan en proberen te zeggen dat dit geen zin heeft. Ik raad het toch aan: begin heel klein.

Natuurlijk kan je op een demorekening (een rekening met speelgeld) je strategieën uitproberen. Maar blijf niet te lang in deze fase hangen. Trading begint pas wanneer er echt geld bij betrokken is. Zelfs als het kleine bedragen zijn.

In dit boek toon ik twee manieren die de trader kan gebruiken. Beiden hebben voor- en nadelen, zoals alles in het leven. Maar het zijn twee reële mogelijkheden om op een zekere dag van trading te kunnen leven.

Deze manieren zijn ook voor traders die maar een klein kapitaal van 500 euro (of zelfs minder) hebben. Ook als je je nu nog niet kunt voorstellen ooit te kunnen beschikken over een grote trading-rekening. Je kunt het doen.

Op de eerste manier blijf je gewoon een particuliere trader. Dit betekent dat je alleen met je eigen geld je trading-business gaat opbouwen. Hoe dit mogelijk is en aan welke voorwaarden moet worden voldaan, vertel ik in het eerste deel.

In het tweede deel toon ik aan hoe je een professionele trader kunt worden. Een professional is een trader die met geld van cliënten handelt en hiermee zijn eigen levensonderhoud verdient. Dit gaat op een heel andere manier dan de eerste weg en vereist op zekere hoogte een andere voorbereiding.

Desondanks, beide manieren vereisen één belangrijk ding: Je zal je In het begin NIET richten op het snel vermenigvuldigen van je rekening.

In het begin gaat het vooral om hoe je goede gewoontes in trading kunt krijgen.

Zonder goede gewoontes in trading word je nooit een winstgevende trader. Geen particuliere trader die van zijn trading-resultaten leven kan, en ook een professional die van zijn klanten leven kan.

Dit is de bakkerij van de trading. Als je wilt: hier worden de echte traders „gebakken". Goede gewoontes in trading is de basis van je toekomstige trading-business. Je gehele kracht en concentratie moet in het begin gericht zijn op het feit dat je eerst een goede trader moet worden.

Velen proberen in het begin zo snel mogelijk geld te verdienen. Geloof me, als je slechte gewoontes hebt opgedaan, zal dit geld er niet komen.

Maar als je al je energie eerst gebruikt om een goede trader te worden, dan komt het geld uiteindelijk vanzelf. Begrijp je nu waarom het niet relevant is hoeveel geld je beschikbaar hebt om te traden?

Als je fundament verkeerd is ingesteld, dan hoop ik dat het voor jou duidelijk is waarom je business op wankele benen staat. De kans dat je faalt is dan zeer hoog.

Dit is een cruciale punt (en bovendien ook professioneler) die je in acht moet nemen voordat je met dit beroep begint. Heb je verkeerde opvattingen over dit beroep, dan is je kans op succes zeer laag. Of er staat een lange, hobbelige weg op je te wachten net zoals dat bij mij het geval was.

Ik dacht natuurlijk dat ik het beter wist en dat een stage in de bakkerij overbodig was.

Ik wil de belangrijkste goede gewoontes van een trader laten zien met behulp van een klein experiment. Daarmee weet je waaraan je begint wanneer je dit beroep wilt uitoefenen.

Ik wil graag een zeer eenvoudige strategie voorstellen die in principe geen is, maar juist **de drie belangrijkste gewoontes** bevat voor een succesvolle carrière in trading.

Ik adviseer je 50 trades met Forex-paren uit te voeren. Als je geen Forex-rekening hebt, kun je deze oefening ook met aandelenindices doen.

Dit zijn de regels:

1. Zoek een willekeurige valutapaar.
2. Gooi een munt. Als het kop is, ga je long. Als het munt is, ga je short.
3. Plaats onmiddellijk een trailing-stop op 20 pips afstand van de instapprijs.
4. Als de positie na 5 minuten in het verlies is, sluit de positie en ga naar de volgende trade.
5. Als de positie na 5 minuten in de winst is, doe je niets. Laat de trailing-stop beslissen.
6. Je mag alleen 3 trades in drie verschillende paren gelijktijdig hebben lopen.
7. Herhaal dit proces totdat je alle 50 trades hebt uitgevoerd.

De oplettende lezer zal hopelijk bij dit experiment herkennen dat daarin de drie belangrijkste goede gewoontes van een trader verborgen zitten. Ik raad je aan dat je dit experiment gaat uitvoeren. Je zult versteld staan van welke resultaten je kunt bereiken. Vooropgesteld dat je je natuurlijk strikt aan de regels houdt.

En daarmee zijn we al bij gewoonte nr. 1. Een goede trader houdt zich aan zijn regels. Zonder uitzondering. Hoewel het eenvoudig lijkt, kan ik je verzekeren dat meer dan 95% van de traders dit juist niet doen.

Het experiment wordt door sommigen misschien gezien als zinloos, omdat aan de analyse van de grafiek geen aandacht wordt besteed.

Met andere woorden: In dit experiment wordt er geen tijd verspild met de entry van de trade. Ook het hoe en waarom een trade wordt aangegaan, wordt volledig genegeerd.

Integendeel. Ik laat zelfs de munt beslissen of ik long of short ga, alsof de instap compleet onbelangrijk is.

Er zijn anderzijds zeer duidelijke regels met betrekking tot de exit. Anders gezegd, een trader die dit "experiment" uitvoert, doet er alles aan om de verliezers te minimaliseren. Vooral de 5-minuten-regel speelt een belangrijke rol. Ook dit is een zeer goede gewoonte van een succesvolle trader.

Wanneer een trade na korte tijd niet werkt of niet in de goede richting loopt, is er geen reden om deze trade vast te houden. Dit klinkt misschien rigoureus en dat is het ook. Goede traders zijn erg ongeduldig met hun verliezers en sluiten ze rigoureus zonder te aarzelen.

Daardoor wordt niet alleen de eerste trading-regel voldaan, ook het kapitaalbehoud staat voorop. En er is nog iets belangrijker dan de bescherming van het kapitaal: namelijk je trader-psyche.

Het vasthouden aan een verliezende trade vernietigt na verloop van tijd je trader-psyche en leidt uiteindelijk tot de bekende analysis-paralysis. Je gaat onnodig op zoek naar "ideale" entries, hoewel iedereen weet dat ze niet bestaan.

Je bent op het juiste moment op de juiste plaats als je gaat traden of niet. Indien niet, dan word je vriendelijk verzocht om de benen te nemen.

Maar de trailing-stop in dit experiment doet nog iets heel anders. Het zorgt ervoor dat je zo lang mogelijk in een positie blijft zodra de trade in de winst loopt. Ook dit is een zeer goede gewoonte van een trader: stay with your winners. In het Nederlands: Laat de winst oplopen.

Als je dat kan, dan onderscheid je je tevens van 95% van de traders. In het meest ideale geval zal je trade tot vrijdagavond 23:00 uur lopen, ook al is het niet erg waarschijnlijk, omdat de trailing-stop vroeg of laat wordt geraakt.

Toch is dit een zeer belangrijke oefening: Neem niet te vroeg winst mee als je aan het winnen bent, maar probeer het maximale uit de trade te halen.

Daarbij volgt de trader de twee belangrijkste uitspraken van de gouden beursregel: Verliezers beperken, winaars koesteren. Geloof me: 95% van de traders doen precies het tegenovergestelde.

Ik kan me goed voorstellen dat het moeilijk is om een trade, die iets in de min staat, na 5 minuten te sluiten. Maar doe het toch.

Ik weet ook welke bezwaren er nu komen: maar de trade kan in de volgende minuut in de plus gaan en dan mis ik mijn winst! Ja, dat kan gebeuren, en het zal ook vaker gebeuren, maar dat hoort bij het leven van een trader.

Een veel grotere kans bestaat dat deze trade geen winnaar wordt, maar juist in het verlies gaat. Daarom raad ik aan om deze positie te sluiten en door te gaan naar de volgende trade.

Als je dat leert, dan heb je een zeer belangrijke gewoonte toegeëigend: Je tolereert geen verliezen meer. Wat er ook gebeurt.

Wat betreft de entries wil ik niet dat je het verkeert begrijpt. Natuurlijk kan je proberen door middel van een nauwkeurige chart-analyse je entries zo goed mogelijk te selecteren. Maar ik wil je graag een duidelijke waarschuwing (ervaring) geven: Het belang van de analyse wordt sterk overschat.

Traders besteden in mijn ogen te veel tijd aan het analyseren van grafieken. Wat niet anders is dan te proberen de toekomst te voorspellen.

Aan de andere kant besteden ze te weinig tijd aan de strikte naleving van het risicobeheer, en dat is meestal de oorzaak van het falen. Niet een verkeerde chart-analyse.

Ik wil hiermee ook niet de trailing-stop bevorderen. Dit instrument heeft een aantal voordelen, maar ook nadelen, die mij bewust zijn. Door trailing-stops worden trades vaak te vroeg gestopt door toevallige tegenbewegingen, hoewel de trend misschien volledig intact is en er geen reden bestaat om uit de trade te gaan.

De oefening bestaat erin om de trailing-stop erover te laten beslissen wanneer winsten worden gerealiseerd. In sommige gevallen zal dit zeker te vroeg gebeuren. Maar dit instrument zal je in andere gevallen toestaan om de positie lang vast te houden. Dit is ook een goede gewoonte.

Je leert dankzij dit experiment de belangrijkste goede gewoontes van een professionele trader. Je leert de regels te volgen, de verliezers zo snel mogelijk te sluiten en zo lang mogelijk bij de winnaars te blijven.

Geloof me, veel meer heb je niet nodig. Wanneer je deze gewoontes leert, behoor je op een zekere dag tot die groep van 5% die op de markten succes heeft.

Dit experiment kan je naar wens herhalen. Want zoals we allemaal weten, gewoontes zijn één van de moeilijkste dingen die te veranderen zijn. Probeer maar eens te stoppen met roken als je een roker bent.

Er zijn traders die jarenlang rondlopen met slechte gewoontes en zich dan afvragen waarom het succes niet komt. Hieronder vallen ook de zogenaamde professionals. Denk niet dat alle professionals deze goede gewoontes beheersen.

Met dit fundament wil ik het nu graag hebben over twee manieren hoe je een trader kunt worden, zelfs als je op dit moment alleen maar over een klein kapitaal beschikt.

Maar zoals gezegd: Niet het kapitaal is van cruciaal belang, maar dat wat je echt kan, en dat heb je met dit experiment hopelijk begrepen en geoefend.

3. Hoe word je een gedisciplineerde trader?

Nadat het duidelijk is geworden dat de principes hetzelfde zijn voor alle traders, ongeacht of ze 500 of meer dan 5 miljoen euro hebben, wil ik je nu graag enkele wegen tonen hoe je kunt leven van het traden zonder je huis en haard te riskeren.

Zoals reeds gezegd, de meeste beginners hebben een compleet verkeerde voorstelling over welk rendement op de beurs kan worden bereikt. Ervaren en gedisciplineerde traders genereren 20 tot 30% winst per jaar. In zeer goede jaren kan het ook 40 of 50% zijn. Dit betekent dat deze traders een maandelijks rendement van 2 tot 3% kunnen halen.

Dit rendement wordt met een redelijk risicomanagement behaald. Drawdowns blijven over het algemeen onder de 15%. Als je op een dag zelf een rekening van enkele honderdduizenden euro's gaat traden, hoop ik dat je zelf ook zo'n risicoprofiel hebt.

En nu komen we aan bij je 500-euro-rekening. Hopelijk is het voor jou duidelijk dat je met dit bedrag je levensonderhoud niet kunt verdienen. Vergeet het maar!

Maar wat je wel kan is net als de professionals een mooi jaarlijks rendement van 20 of 30% verdienen met drawdowns die onder de 15% blijven. Je bewijst op die manier jezelf dat je kunt traden. En dat is het beste wat je kan overkomen.

Voor een rekening van 500 euro komt alleen de Forex-markt ter discussie. Zoek ook een Forex-broker die geen kosten in rekening brengt voor de transacties.

De kritiek van een aantal professionals is natuurlijk terecht dat het rekenkundig gewoon niet mogelijk is om een 500-euro-rekening te traden, omdat alleen al de commissies de rekening opvreten. We praten dan nog niet eens over een redelijk risicomanagement. Daarom gaan we eerst naar de Forex, want hier kan je vaak zonder commissies traden.

Als voorbeeld willen we een trade in de EUR/USD met een minilot ($10.000) uitvoeren. Dit was tot voor kort de kleinst mogelijke eenheid die je bij de meeste brokers kon traden. Zet je bij een trade je stop 50 pips weg van de instapprijs, dan riskeer je dus 50 pips of $50. Maar dit vertegenwoordigt bijna 10% van je trading-kapitaal!

Verlies je op deze manier 5 keer achter elkaar, wat niet ongebruikelijk is, dan is de helft van je kapitaal al weg. Als je 10% van je kapitaal per trade riskeert, dan ben je geen trader. Je bent een kamikazepiloot.

De kritiek op deze mini-rekeningen bestaat in feite uit twee argumenten. Ten eerste kan je maar één strategie tegelijk traden. Je bent ook volledig afhankelijk van de resultaten van deze strategie, en je kan dus niet diversificeren.

Ten tweede: Je kunt geen redelijk risicomanagement voeren als alleen dit klein bedrag beschikbaar is, zoals het voorbeeld in EUR/USD duidelijk laat zien.

Goddank hebben de brokers dit ook ingezien en bieden hun klanten nu ook micro-lots aan. Dit is slechts 1/10 van een minilot. Hier handel je dus slechts met $1000.

In hetzelfde voorbeeld zou je dan slechts $5 of maar 1% van je kapitaal riskeren. Dit bedrag komt veel dichter bij een redelijk risicomanagement voor een particuliere trader, alhoewel ik persoonlijk 1% risico per trade nog steeds veel vind.

Het klinkt misschien niet sexy om een jaar lang gedisciplineerd met 500 euro te traden en vervolgens na 12 maanden een winst van 20% te hebben, oftewel 600 euro op de rekening. Maar dit is precies wat je moet doen.

Je moet deze mini-rekening leren te traden alsof het een miljoenenrekening is. Ik wil je ook aanraden een detaillerend dagboek van je trading bij te houden waarin alle transacties goed worden bijgehouden. Het is ook zinvol om wekelijks of maandelijks statistische rapporten te maken.

De opdracht is om minstens één jaar lang gedisciplineerd een strategie op de markt uit te voeren. Let op: één strategie en niet zeven.

Veel beginnelingen beginnen met één strategie. Wanneer dan echter de eerste verliezen ontstaan zijn ze teleurgesteld, zetten de strategie aan de kant en gaan op zoek naar iets nieuws. En de cyclus begint weer opnieuw vanaf het begin.

Dit gedrag behoort zeker niet tot de goede gewoontes van een trader!

Je moet dus consequent bij een strategie blijven, ongeacht wat er gebeurt. De reden is eenvoudig. Als je nog nooit een jaar lang één bepaalde strategie hebt gehandeld leer je deze ook nooit echt kennen. Elke strategie heeft fasen met verlies. Het is dus niet relevant welke je kiest, zolang de strategie enigszins rendabel is.

Alleen dit zal je enorm disciplineren. Als je je strategie steeds maar weer gaat veranderen, leer je jezelf als trader nooit kennen. En daar gaat het om. Dus blijf bij je gemaakte keuze.

Ook moet je een gedetailleerde **trading-dagboek** bijhouden. Daarmee bedoel ik het compleet bijhouden van je trades. Dergelijk dagboek moet ten minste de volgende gegevens bevatten:

- Datum van entry: dus de dag waarop je de positie hebt geopend
- Naam van het valutapaar
- Entry-prijs: de prijs waarvoor je hebt gekocht (long) of verkocht (short)
- Stop-loss: dit is het risico dat je bij deze trade loopt
- Take-profit: dit is het koersdoel dat je met je trade wilt bereiken
- Positiegrootte: hoeveel micro-lots heb je gekocht?
- Datum van de exit: de dag waarop je de positie hebt gesloten
- P/L (profit/loss) in pips: hoeveel pips heb je verdiend?

Je kunt ook andere informatie toevoegen, maar dit zijn de meest belangrijke.

Waarom moet je dat doen? Als je consequent de gegevens van al je transacties verzamelt, krijg je een schat aan informatie over je trading die meer waard is dan alle trading-boeken samen.

Misschien kom je erachter dat je beter bent in short-selling dan in long gaan? Als dat zo is, zou het dan niet redelijk zijn om je alleen maar te specialiseren op short-selling? Wist je dat sommige traders 100% short zijn en nooit long gaan? Ze doen dit omdat ze op basis van de gegevens hebben ingezien dat short beter voor hun is. Ik zelf ben bijvoorbeeld een goede shortseller en een matige long-trader.

Misschien realiseer je je dat de meeste verliezen voorkomen in een bepaalde valutapaar. Ik ben zelf heel slecht in GBP/USD. Daarom vermijd ik dit paar meestal.

Maar ik ben goed in de Zwitserse frank en in het bijzonder in de USD/CAD. Dat weet ik alleen maar dankzij mijn trading-dagboek. Is dat geen waardevolle informatie?

Aan het einde van de week (of maand) moet je je tradinggegevens evalueren. Hier zijn de belangrijkste cijfers van de statistiek:

- Aantal trades per week/maand/kwartaal
- Aantal winnaars
- Aantal verliezers
- Aantal break-even trades
- Gemiddelde winst

- Gemiddeld verlies
- Slagingspercentage (het aantal winnaars in procent)
- Payoff-ratio (winstgevend of niet en hoe winstgevend?)
- Expectancy (verwachting van je systeem)

Deze statistische gegevens, die je in je trading-dagboek hebt opgenomen, zijn misschien zelfs meer waard dan de tradinggegevens zelf. Omdat ze laten zien hoe robuust je trading-systeem daadwerkelijk is.

Bovendien laat de analyse ook zien welke schroeven je eventueel moet aandraaien om je systeem rendabeler te maken. Misschien zijn je verliezers een beetje te hoog en moet je de stop-loss strakker of losser zetten.

Misschien zet je alleen maar op winst (het slagingspercentage), zonder rekening te houden met de hoogte van de winst.

Zie je dat een trading-dagboek oneindig veel waardevolle informatie bevat, en daar wil je toch niet van afzien?

Het consequent bijhouden van een trading-dagboek behoort ook tot de goede gewoontes van een trader. Dus hou vanaf het begin een dagboek bij, zelfs als je alleen maar een 500-euro-rekening hebt.

4. Het sprookje van een samengestelde rente

Voordat we de volgende stap maken, moeten we eerst iets behandelen dat op heel veel internetforums rondspookt, namelijk het sprookje van de samengestelde rente (in het Engels compound interest). Ook wel „the greatest force on earth" genoemd, ofwel de grootste kracht op aarde.

Het is bijna te mooi om waar te zijn en vele traders geloven daadwerkelijk dat ze met een samengestelde rente-effect hun kleine rekening in korte tijd kunnen laten groeien tot een grote rekening.

Een samengestelde rente-effect gaat ongeveer als volgt: Laten we gemakshalve zeggen dat je een trading-kapitaal van $1000 hebt. Je (niet erg onbescheiden) doel is om gemiddeld 10 pips per dag te verdienen op de valutamarkt.

De berekening gaat als volgt:

Op dag 1 maak je 10 pips en dan heb je $1010 op de rekening. Op de tweede dag maakt je weer 10 pips. Nu heb je $1020. Na 20 dagen staat er al $1220 op de rekening. Dat is dus 22% (!) in je eerste maand.

Je hebt uiteindelijk 70 dagen nodig om je rekening te verdubbelen. Dan heb je $2000 op de rekening staan, mits je gemiddeld 10 pips per dag gaat traden en niets van je rekening haalt.

Aangezien het kapitaal elke maand "groeit", kun je natuurlijk elke maand "iets" meer risico's nemen. Met de toenemende saldo verhoog je ook je positiegrootte. In de eerste maand trade je nog met een minilot ($10.000). Aangezien je na een maand $1200 op de rekening hebt staan, verhoog je je positie naar $12.000. Na twee maanden ga je met $17,000 traden, en ga zo maar door.

Misschien ben je nog steeds niet onder de indruk van deze getallen. Het idee is dat als je dit in de daarop volgende maanden consequent doorvoert uiteindelijk de kracht van de samengestelde rente zal in werking treden.

Als je een jaar lang op deze gedisciplineerde manier je rekening gaat traden, dan heb je na 12 maanden al $24.000 op je rekening staan. Als je dit ook in het tweede jaar lukt, dan heb je nu al $500.000.

Je hoeft dan nog 'maar' drie maanden te traden totdat je dollarmiljonair bent. En dit met 10 pips per dag! Is dit niet handig?

Je kunt het op een rustig moment narekenen of het klopt. Je kan met "slechts" 10 pips per dag binnen 3 jaar Forex-miljonair worden.

Ik weet dat veel beginnelingen onder de indruk zijn van deze samengestelde renterekening wanneer het idee voor de eerste keer aan hun wordt voorgesteld. Je hoeft helemaal geen wiskundige genie te zijn om deze eenvoudige berekening te begrijpen. Het klopt.

En het is juist de stille hoop van veel trading-beginnelingen dat ze dit kunststukje tot stand zullen brengen.

Als het je lukt, bel me dan even op, je bent waarschijnlijk de eerste ter wereld.

Waarom lukt het dan bijna niemand om dit in praktijk te brengen? Theoretisch gezien klopt het natuurlijk. En het betekent zeker niet dat het samengesteld rente-effect niet functioneert. Het functioneert zeker en in principe werkt iedere trader met een samengestelde rente-effect.

Je zult het waarschijnlijk al vermoeden. In deze berekening zitten er een paar "onbekenden" waar geen rekening mee wordt gehouden. Deze onbekenden hebben het natuurlijk in zich. En het heeft veel te maken met goede of slechte trading-gewoontes, waarover we al hebben gesproken.

Heb je eerst hard aan je goede trading-gewoontes gewerkt, dan is de kans groot dat je een vorm van samengestelde rente-effect zult ervaren.

Maar vergeet de illusie dat je gemiddeld 10 pips per dag of 50 pips per week kunt traden, hoe wenselijk het zou zijn.

De werkelijkheid ziet er eerder zo uit: In sommige weken maak je misschien 36 of 128 pips, maar het kan gebeuren dat je een week later 92 pips verliest. En dan kan je de week erop helemaal niet traden, omdat je met griep in bed ligt.

Je zult goede dagen of weken ervaren, waar je echt goede resultaten kunt behalen en je zult slechte of zelfs heel slechte dagen of weken ervaren.

En de vooruitgang?

Een trader die aan zijn zwakke punten (en zijn sterke punten) werkt, zal zeker vooruitgang boeken. Maar ze komen niet stap voor stap. Soms heb je het gevoel dat er niets gebeurt en dan is er ineens een doorbraak en het traden verloopt veel beter dan voorheen.

Veel traders moeten ervaren dat hun eerste en vaak ook hun tweede 500-euro-rekening naar de maan gaat. Ze hoeven zich hiervoor niet te schamen. Zelf heb ik een paar keer kleinere rekeningen naar 0 gebracht. Door gebrek aan discipline.

Na zo'n debacle is het vaak goed om even pauze te nemen en na te denken over je eigen tradingstrategie. Je zult het niet geloven hoeveel beter je na zo'n pauze kunt traden!

Met meer vertrouwen lukt het je misschien toch nog om een kleine rekening aanzienlijk te vergroten. Je moet tenminste een verdubbeling hebben ervaren voordat je extra geld op de trading-rekening gaat overmaken. Je weet nog wat we in het eerste deel hebben gezegd over een goede trading-gewoontes?

5. Hoe verhandel je en 500-euro-rekening?

Je moet deze rekening met uiterste voorzichtigheid beginnen te traden. Natuurlijk hangt het van je strategie af of je 50, 20 of 10 pips per trade wilt riskeren. In het begin gaat het hoofdzakelijk erom om het kapitaal te behouden. Als je dat lukt, dan heb je al de eerste belangrijke stap naar succes gemaakt.

Natuurlijk groeit op deze manier de rekening veel langzamer. Dat staat vast. Maar vergeet niet: Je doel moet niet zijn dat je zo snel mogelijk je 500 euro wilt vermenigvuldigen.

Je moet dit bedrag eerst gebruiken om te leren traden. Dit betekent dat je moet leren een regelmatig rendement met een beheersbaar risico te verdienen.

Rendementen van 2 tot 3% per maand zijn echt uitstekend, vooral wanneer het risico (Drawdown) onder de 10% blijft. Meer daarover in het hoofdstuk over professioneel traden.

Het is complete onzin als je denkt dat je op grond van de samengestelde rente een mini-account van 500 op 100.000 euro of zelfs op een miljoen kunt traden. Het is zeer onwaarschijnlijk dat je daarin zal slagen, omdat dit doel gewoon te hoog gegrepen is. Je zult opnieuw een te groot risico nemen om dit te bereiken. Herken je het patroon?

Het gaat erom dat je eerst je vak leert. Denk niet aan het geld. Zoals gezegd is 2 tot 3% per maand echt goed. Bedenk: 2% op een 500-euro-account is 10 euro. Wees nu eerlijk: Een hele maand gedisciplineerd werken voor 10 euro? Daar word je financieel niet beter van.

Begrijp je hoe absurd dit idee is? Vergeet dus maar het idee dat je met een klein startkapitaal geld kunt verdienen.

Is het dan niet volledig zinloos om met een 500-euro-rekening te traden?

Nee, dat is het echt niet. Leer je vak met een klein bedrag. Als je in de loop van tijd een goed rendement op deze rekening haalt zonder al te grote risico's te nemen, dan heb je jezelf bewezen dat je kunt traden.

Trading is een vak en een beroep dat de tijd nodig heeft om aan te leren. En een half jaar hiervoor uittrekken is maar zeer kort. De leercurve van de meeste traders die ik ken duurt normaal gesproken veel langer.

Hierboven is het al beschreven; probeer gewoon niet geld te verdienen met een 500-euro-rekening. Deze proefperiode wordt alleen maar gebruikt om het trading-vak onder de knie te krijgen.

Maar er is ook een tweede aanpak, die ook zinvol is. Sommige traders met een kleine rekening hebben als doel om gemiddeld 10 euro per dag te verdienen. Dit doel is toch zeker wel haalbaar?

Je zult nu misschien wel zeggen: 10 euro per dag? Is dit een grap? Dit is heel eenvoudig! Misschien. Maar lukt het je ook om 10 euro te verdienen en niet meer dan 10 euro te riskeren? En dat elke dag?

Het doel is geld, en dus geen 10 pips. Dus ga niet te zeggen: „Ik moet dagelijks 200 euro verdienen, zodat ik iedere maand 4000 euro van mijn trading-rekening kan halen."

Het blijkt vaak dat deze 4000 euro juist het bedrag is voor de maandelijkse uitgaven. Met andere woorden: deze mensen hebben dit geld nodig. Ze moeten dus succes hebben om dit doel te bereiken. Zie je de stress al aankomen?

Ze doen het niet omdat ze het graag doen of omdat ze iets willen leren. Ze doen het omdat het moet. En als het een keer niet lukt, dan komen ze in de problemen.

Op die manier zetten ze zichzelf onnodig onder druk. De gevolgen zijn vaak overtrading. Ze nemen te veel risico's of handelen met een veel te hoge hefboom.

Ik denk dat je al weet wat er dan gaat gebeuren. Iemand die onder druk staat, zal vroeg of laat mislukken. Dat is precies hetzelfde als dat je iets hoort over spectaculaire verliezen op de beurs.

Zelf ben ik meerdere malen in deze val getrapt, en ik kan je zeggen, het waren niet mijn glorieuze dagen.

Aan de andere kant, de trader die slechts 10 euro gemiddeld per dag wil traden, heeft waarschijnlijk voor zichzelf een realiseerbaar doel gesteld. Hij staat ook niet onder grote druk om geld te moeten verdienen voor zijn levensonderhoud.

10 euro per dag in een aandelenindex of in een Forex valutapaar zijn haalbaar. Deze trader zal zijn doel regelmatig bereiken. Daarmee bevestigt hij zijn succes. Succes wordt dan iets dat zich licht aanvoelt en wat geen bovenmenselijke inspanningen vereist.

10 euro per dag als dagelijks doel, dat is bij 20 beursdagen 200 euro per maand. Dat klinkt misschien niet als een groot bedrag, maar weet je hoeveel geld je tegenwoordig (met deze zeer lage rente) op de rekening moet hebben om dit geld uitbetaald te krijgen? We gaan uit van een spaarrekening met een looptijd van 3 maanden: ongeveer 1 miljoen euro!

Dus als je per dag 10 euro op de beurs kunt 'verdienen', dan zou dit zijn alsof je 1 miljoen op de rekening hebt staan. Zie je wel: Zo bescheiden is dit doel niet.

Geloof je niet dat een trader die dit 'succes' kan aantonen in verloop van tijd manieren en middelen gaat zoeken om met hetzelfde gemak grotere bedragen te traden? Hij zal dat doen.

Toegegeven, 200 euro extra per maand zal je levenssituatie niet erg veranderen. Het is echter van cruciaal belang om überhaupt winst te maken. Je zult het niet geloven hoe geweldig het voelt wanneer je weer een maand positief hebt afgesloten. Je krijgt dan echt het gevoel dat je iets hebt bereikt, en dat heb je ook.

Dit is belangrijk om te benadrukken, omdat 200 euro natuurlijk een belachelijk bedrag is voor mensen die niet actief zijn op de beurs. Voor dit bedrag komen ze niet hun bed uit.

Voor jou is het echter het bewijs dat je je stage in de bakkerij van het traden met succes hebt afgerond. Dus je hebt je goede trading-gewoontes toegeëigend. En daar gaat het om.

Er is nog een andere reden waarom ik geen grote fan ben van het strikte samengestelde rente-effect: Beloon jezelf af en toe. Slimme traders doen dat.

Heb je bijvoorbeeld gedisciplineerd gehandeld en gezorgd voor een winstgevende week, dan haal een deel van die winst van je rekening. Doe er iets leuks mee. Misschien een bezoek brengen aan de bioscoop met je echtgenote of je vriendin?

Het is belangrijk dat het aanvoelt als een beloning. Daarmee maak je je onderbewustzijn duidelijk: Goed zo! Ga op deze manier verder! Het is de moeite waard.

Niemand laat al het geld van 500 tot 1 miljoen euro op de beleggingsrekening staan. Het is niet nodig en het is ook een krankzinnig idee. En het samengestelde rente-effect komt op een gegeven moment, maar vaak anders dan dat je denkt.

Iedere trader is ook anders en daarom ook anders gekapitaliseerd. Elke trader beschikt ook over verschillende ressources (niet alleen geld, maar ook tijd). Soms krijgt hij het gevoel dat het heel snel gaat, maar soms ervaart hij ook periodes waarin de strategie niet zo goed functioneert.

Er zijn heel veel traders die na een ongelukkige periode gewoon een paar maanden willen onderbreken. Sommigen komen pas na een jaar terug met frisse ideeën. Ze hebben misschien een aantal seminars bezocht of gewoon een goed boek gelezen, waarmee ze een geheel nieuw inzicht krijgen op de beurs. Ze beginnen met nieuwe kracht.

Zo zie je maar: De leercurve verloopt niet zo soepel als je zou denken. Er zijn breuken, pauzes en onderbrekingen. Het succes zelf loopt niet lineair. Er zijn momenten waar je het gevoel krijgt dat je het nooit leert, en dan is er ineens toch een doorbraak.

Dit kan worden veroorzaakt door een kleine verandering in je trading-gedrag of door een tip van een ervaren professional (geen aandelen-tip!). Het komt met golven. En golven trekken zoals bekend ook weer terug.

Als je dan eindelijk in staat bent om een regelmatig rendement te behalen, dan kan je er eens over nadenken over traden met grotere bedragen. Van hieruit zijn er twee mogelijkheden.

Het kan zijn dat je een professionele trader wilt worden en met geld van cliënten gaat traden. Hoe dat gaat vertel ik je in hoofdstuk 8.

Of je blijft als particulier traden, misschien alleen maar parttime terwijl je nog een ander beroep hebt. Wat je ook besluit, probeer je trading als een business te runnen. Zelfs als je business nog maar klein is terwijl je met kleine bedragen handelt, handel alsof je een miljoen aan kapitaal ter beschikking hebt.

Dit vak hangt ongelooflijk veel af van je innerlijke houding. Hoe serieuzer je werkt, hoe groter de kans bestaat dat er een deur opengaat die je de mogelijkheid biedt om je dromen te verwezenlijken.

Als je eenmaal serieus op de weg bent om een goede trader te worden, dan gebeuren er dingen die je je nu nog niet kunt voorstellen.

Er kunnen bijvoorbeeld mensen op je afkomen die je geld bieden om te traden. Of je dit geld moet aannemen, is een andere vraag. Dat moet je pas beslissen nadat je dit zorgvuldig hebt overwogen. En het heeft veel te maken met de ernst waarover ik eerder heb gesproken.

Zolang je geen gedisciplineerde trader bent die zijn vak beheerst, moet je in geen geval geld van andere mensen beheren. Ik hoop dat dit duidelijk is.

Het kan zelfs gebeuren dat een hedgefonds op je afkomt. Dat is mij eens overkomen. Dit fonds zat in de problemen en was op zoek naar een trader die op zijn minst een positief rendement voor zijn klanten kon behalen. Al het andere werkte niet.

Ik begon te traden en behaalde ook snel winst. Maar het management had blijkbaar zijn lesje niet geleerd. Alle problemen waren ontstaan doordat de geautomatiseerde handelssystemen die het fonds aanvankelijk had gebruikt alleen maar geld aan het verbranden was.

Zo kwam ik in de ochtend aan en begon de rekening met succes te traden, maar het management was blijkbaar zo overtuigd van hun robots, dat ze die 's nachts weer lieten lopen. Het gevolg was dat de winst die ik in de loop van de dag had verdiend, 's nachts door de robots teniet werden gemaakt. Kun je je een absurdere situatie voorstellen?

Geloof me: Zelfs bij de zogenaamde professionals loopt het soms helemaal in de war. En talent is altijd gevraagd. Begrijp je nu waarom je eerst moet leren gedisciplineerd te traden?

Deze mensen weten ook wel dat je geen 5 miljoen euro hebt om te traden. Want als dit het geval zou zijn, was je waarschijnlijk niet in een job geïnteresseerd.

Het is natuurlijk ook mogelijk dat je zelf plotseling geld hebt of nog wat geld had gespaard, dat je nog niet eerder voor het traden had gebruikt. Als je zover bent en het gevoel krijgt dat je op een verantwoorde wijze met dit bedrag kunt omgaan, dan kan je het wagen.

Doe me een plezier: Zet niet onmiddellijk al je spaargeld op het spel. Je zult het waarschijnlijk toch doen, maar ik heb het in ieder geval gezegd.

Dit is overigens het meest voorkomende geval. De meeste traders die ik ken traden met hun eigen geld en dat is ook goed. Geld van andere mensen beheren verhoogt de stress geweldig. Kun je hiermee omgaan en toch goede prestaties bereiken?

Misschien erf je op een dag een grote som geld. Ook dat is natuurlijk mogelijk.

Moet je geld van familieleden accepteren? Eerlijk gezegd wil ik je dat afraden. Als iemand je geld geeft en zegt: „Het maakt me niet uit of je het gaat verbranden of vermenigvuldigen", dan kan je erover nadenken of je het geld wilt aannemen.

Mijn ervaring is dat de meeste familieleden dit niet zullen zeggen. De meesten kijken eerder met een kritische blik op je „nieuwe activiteit als trader" of ze geven je het geld onder bepaalde "voorwaarden". Dan zou ik uiterst voorzichtig zijn, want wie weet of je in staat bent om aan deze "voorwaarden" te voldoen.

6. Social Trading

Een goed alternatief voor onder-gekapitaliseerde traders is social trading. Ik heb dit zelf een een tijdje gedaan en kan het alle ambitieuze traders aanraden.

Een aantal van deze websites zijn nu zeer professioneel bezig en bovendien veel transparanter dan een investeringsfonds of vermogensbeheer. In de afgelopen jaren is er een kleine revolutie ontstaan op het gebied van geldbeheer en het is te hopen dat deze 'democratisering' van het vermogensbeheer zich verder gaat ontwikkelen, en dat zoveel mogelijk mensen op deze planeet ervan kunnen profiteren.

En hier zijn natuurlijk goede gewoontes en gedisciplineerd trading-gedrag heel zeker gevraagd. Al je trades en de statistische evaluaties ervan worden dagelijks volledig transparant gepubliceerd en staan beschikbaar voor de hele wereld.

Kan je je dit voorstellen: Je ben aan het traden en de halve wereld kijkt toe? Zo werkt social trading echt.

Social tradingplatforms zijn niet meer dan websites waar traders en potentiële beleggers elkaar ontmoeten. Beleggers hebben het geld en de traders hebben (hopelijk) het vermogen om dit geld te vermenigvuldigen.

Er zijn natuurlijk rankings en de belegger kan zijn trader uitkiezen. Hij kiest hem misschien omwille van zijn trading-stijl. Hij kan beter de trader kiezen omwille van zijn gedisciplineerd trading-gedrag en het lage risicoprofiel waarmee de hij het rendement genereert. De slimme beleggers zullen dit in ieder geval doen.

En ook professionele vermogensbeheerders kijken nu naar social trading en overwegen of zij niet een deel van het cliëntengeld kunnen investeren. Is dat niet ongelofelijk? Het is zeker een geweldige kans voor een ambitieuze trader!

Begrijp je nu waarom je eerst moet leren verantwoordelijk en gedisciplineerd je 500-euro-rekening te traden? Als je dat kunt, dan kan je je met een gerust geweten bij de sociale tradingsplatforms aanmelden.

Je krijgt een rekening met „fictief Geld" ter beschikking om te traden. Zijn je resultaten goed en heb je na enige tijd (een paar maanden) een goede trackrecord opgebouwd, dan krijg je misschien al snel je eerste klant en kun je ook geld te verdienen.

De verdienmodellen zijn verschillend, dus bekijk het dan ook zeer nauwkeurig, omdat dit uiteindelijk bepaalt hoeveel geld je met je trading kan verdienen.

Nu nemen we het vergoedingsmodel van een social tradingsplatform onder de loep. Deze werken meestal samen met één of meerdere brokers. Deze brokers worden meestal "introducing broker" genoemd. Dat wil zeggen, de broker bemiddelt tussen zijn klanten en een zogenaamde "prime broker". Bij een prime broker vindt de afwikkeling van effectentransacties daadwerkelijk plaats. Dat zijn meestal bekende instellingen, zoals JP Morgan, Credit Suisse, Deutsche Bank, enz.

De meeste introducing brokers in de retailhandel staan ook in verbinding met een prime broker. Deze is echter niet geïnteresseerd in kleine rekeningen. Deze taak wordt overgenomen door de introducing brokers. Dit zijn de huizen die bekend zijn bij de meeste particuliere beleggers. Laten we nu eens kijken naar de gehele voedselketen van een social tradingsplatform:

1. Prime broker
2. Introducing broker
3. Vermogensbeheerder
4. Social tradingsplatform
5. De trader

Je ziet het: tal van mensen verdienen aan een transactie die de trader maakt. Dat is ook de reden waarom de spreads in social trading over het algemeen hoger zijn dan wanneer je gewoon een rekening opent bij een introducing broker. Reken bijvoorbeeld met een spread van 2 tot 3 pips bij de EUR/USD, dus het dubbele of zelfs het drievoudige van wat gebruikelijk is.

Dat is ook de reden waarom pure scalping niet functioneert in social trading. De omstandigheden laten dit gewoon niet toe. Er zijn te veel mensen die aan een spread verdienen.

Maar als je een daytrading- of swingtrading-strategie hebt ontwikkeld die een goed rendement genereert, dan kun je ook met dit model geld verdienen. Je krijgt afhankelijk van het model meestal een vergoeding per gegenereerde standaard-Lot. Als beginneling krijg je misschien eerst 1 dollar zodra je 1 Lot ($100.000) transactievolume hebt gegenereerd. Dit klinkt misschien weinig, maar als je dit 20 keer per dag doet, kan dit al een fatsoenlijke bijverdienste opleveren.

Als je door een goed trading-gedrag en rendement naar een hoger niveau klimt, dan kan je tot 5 dollar per lot verdienen. En als je eenmaal daar bent aangekomen, dan kan je normaal gesproken al zeer goed leven van je trading.

Dit lukt alleen wanneer je je klanten daadwerkelijk toegevoegde waarde biedt (een goed rendement) en niet zinloze trades uitvoert om zoveel mogelijk provisies te genereren. Praat daarom met verantwoordelijken van het social tradingsplatform. Zij kunnen je op grond van hun ervaringen verder helpen hoe je het best je trades met een optimale verdienst in evenwicht kunt brengen.

Commissies zijn daarom ideaal om als trader de kost te verdienen. Het is natuurlijk nog beter als er aan het einde van het jaar ook nog een winstdeling is. Maar je moet eerst in staat zijn om je maandelijkse rekeningen te betalen en je kosten te dekken. Dit geldt vooral wanneer het niet zo goed gaat met je trading of wanneer je in een drawdown (een periode waarin je meer verliest dan wint) terechtkomt.

Verhandel je alleen maar je eigen geld, dan zal je in die periode niets verdienen, wat doorgaans kan leiden tot stress. Maar als je aangesloten bent bij een social tradingsplatform dan verdien je toch nog aan je verrichte transacties.

Tevreden klanten lopen niet direct weg wanneer de dingen niet zo goed verlopen, op voorwaarde dat de drawdown binnen de grenzen blijft.

Als je dus „eerst" een social trader bent, dan kun je je volledig concentreren op je taken als trader en hoef je je om de klant geen zorgen te maken. Dat kan veranderen wanneer je op een dag het besluit vat om voor een professioneel vermogensbeheer te gaan traden.

Sommige social traders verdienen maandelijks bedragen met vijf cijfers. Voor hen is de droom van een succesvolle carrière als trader al werkelijkheid geworden.

Voorwaarde is zoals altijd een positief rendement met hanteerbare (voorspelbare) risico´s. Ieder platform biedt de nodige tools om het risicomanagement te berekenen. Je kan dus zelf je eigen risicoprofiel bepalen voordat je begint met het opbouwen van een trackrecord. En ik raad je ten zeerste aan om er goed over na te denken.

Traders die op jaarbasis 20 tot 30% verdienen met een maximum drawdown van 10 tot 15% hebben een betere kans als traders die 70% rendement bereiken, maar daarvoor 45% risico lopen.

De reden is eenvoudig. Het zijn meestal de kleine beleggers die zich door de hoge rendementen aangetrokken voelen. De kleine belegger denkt: hoog rendement = snelle vermogensgroei. Maar als je je op de massa van de kleintjes instelt, dan kan ik je verzekeren dat je „cliënten" na een verliesreeks sneller weg zijn dan dat je het merkt.

De professional daarentegen kijkt altijd eerst naar het risico. Zijn zorg is: hoeveel verlies is er maximaal te verwachten wanneer ik deze trader het geld van mijn cliënt toevertrouw? Logisch of niet soms?

Het gevolg is dat de trader met een strikt risicomanagement de grotere rekeningen krijgt. Grotere rekeningen betekent meer kapitaal om te traden. Meer kapitaal betekent een groter deel van de provisies voor jou als trader.

7. Ga praten met je broker

Als je om wat voor reden met social trading niet overweg kan, dan zijn er natuurlijk tal van andere manieren om aan geld van cliënten te komen. Een van de meest directe manieren daarvoor is je eigen broker.

Deze persoon of groep van personen heeft contacten met veel mensen die geld hebben. Het is de taak van een broker om deze mensen te vinden. Dus je zou er goed aan doen om met je broker te praten wanneer je met je trading-strategie geld van cliënten wilt beheren.

Ook wanneer je broker zich alleen maar toelegt op particuliere klanten is het misschien de moeite waard om met hem te praten. Je weet nooit wie hij nog kent.

Ben je een actieve klant bij hem zal hij altijd luisteren naar wat je te zeggen hebt. Het beste kun je met hem een afspraak maken. Of nog beter, hem uitnodigen voor een etentje. Je zult versteld staan van wat iemand je toevertrouwt als je hem een plezier doet.

Maar er is nog een reden waarom je met je broker moet praten voordat je met traden begint. Als je op een dag van plan bent om geld van cliënten te traden, moet je ook kunnen bewijzen dat je het kan. En dat betekent dat je een trackrecord moet kunnen tonen dat in welke vorm dan ook gecertificeerd is. Dit heet geloofwaardigheid (credibiliteit) opbouwen. Zonder geloofwaardigheid wordt het moeilijk om te worden uitgenodigd voor een sollicitatiegesprek bij een vermogensbeheerder.

Een certificering kan natuurlijk op verschillende manieren tot stand komen. Je kunt naar een notaris gaan of zelfs een audit laten uitvoeren door bekende accountantskantoren, zoals KPMG en Deloitte. Maar ik betwijfel of je dit met je 500-euro-rekening voor elkaar krijgt. En maar te zwijgen over de gruwelijke kosten van een dergelijke audit.

Het is veel eenvoudiger om je eigen broker, die toch al je trades trackt, je resultaten te laten certificeren. Deze certificering is geen hard bewijs zoals die van een notaris of een accountant. Maar je hebt in ieder geval iets in de hand dat beoordeeld werd door een onafhankelijke partij. Hiermee kun je naar een vermogensbeheer gaan, hoewel je meestal aanvullende tests mag verwachten.

Een andere mogelijkheid om aan een certificering te komen is dat je je trades op het platform myfxbook.com laat tracken. Dit platform is ondertussen zeer bekend geworden en veel traders hebben hier een opmerkelijke trackrecord opgebouwd.

En niet te onderschatten: een goed trackrecord bij een social tradingsplatform is ook een bewijs dat je kunt traden. Social trading is voor een trader een goede manier om zich te onderscheiden.

Veel brokers hebben ook een in-house vermogensbeheer. Het behoort tot hun bedrijf, ook al is het meestal maar een klein deel ervan. Je vindt deze meestal onder het begrip „managed accounts".

En het zal je verrassen hoe middelmatig deze professionele vermogensbeheerders vaak zijn. Laat je niet in de war brengen door de woorden "professioneel" of "vermogen".

Vaak zitten hier traders achter verscholen die dezelfde inspanning en problemen hebben als jij. Het is zelfs vaak zo dat sommige brokers hun managed accounts gewoon laten doorlopen, ook al weten ze dat ze niet zo goed zijn.

Je vraagt je misschien af waarom? Zolang er maar één cliënt aan dit programma deelneemt, leidt dit „vermogensmanagement" tot vergoedingen en provisies. En daaraan verdient de broker altijd, en het maakt niet uit hoe het vermogensbeheer afloopt.

Wie weet, misschien ben jij wel degene die je broker kan helpen deze tak van zijn bedrijf nieuw leven in te blazen? Als je een interessante strategie kunt bieden, die afwijkt van de bekende, dan zal je broker zeker hiernaar kijken.

Het is ook niet moeilijk. Jij bent immers zijn cliënt. Hij heeft een volledig inzicht in de geschiedenis van je trading. Hij weet precies of de dingen die je doet degelijk zijn of niet.

Houd er rekening mee dat de compensatiemodellen zeer verschillend kunnen zijn. Net als bij social trading krijg je waarschijnlijk een deel van de commissies of spread aangeboden.

Hoeveel procent je krijgt als trader hangt af van je onderhandelingsvaardigheden. Alles is hier mogelijk. Van 50% tot minder. Vergeet niet dat jij degene bent die het werk verricht en zorgt voor de toegevoegde waarde. Verkoop jezelf dus niet te goedkoop.

Als je broker geen vermogensbeheer aanbiedt, dan moet dit je er niet van weerhouden zelf een te zoeken. Daarvoor volstaat een eenvoudige zoekopdracht in Google. Geef de term „managed accounts" in en zoek in de lijst naar verschillende vermogensbeheerders.

Een aantal zullen andere brokers zijn die je misschien niet kent. Anderen zijn pure vermogensbeheerders zonder brokerage. Deze huizen (en hun websites) kunnen een heel geheimzinnige en discrete indruk maken.

Dat mag je niet weerhouden om ze even op te bellen en te vragen naar de voorwaarden voor traders. Het ergste dat je kan overkomen is dat men je vriendelijk meedeelt dat er op dit moment geen behoefte bestaat.

Je moet ook niet verwachten dat men je met open armen ontvangt. Deze plaatsen zijn zeer gevraagd en er is veel concurrentie.

Ook hier gelden dezelfde regels als elders. Alleen gedisciplineerde traders met goede gewoontes krijgen hier een kans om te traden. Als er bij een social trading-platvorm een "social proof" van je vaardigheden bestaat, dan kan je ervan uitgaan dat je bij een vermogensbeheerder door professionals wordt gescreend.

Ten laatste hier wordt duidelijk of je vanaf het begin met je 500-euro-rekening goede gewoontes hebt verworven en of je het vak beheerst.

Hoewel dit op zich al uitstekend is en hoewel je je op die manier al onderscheiden hebt van 95% van de traders, is het meestal niet genoeg om als een trader bij een vermogensbeheerder aan de slag te gaan.

Vermogensbeheerders hebben niet één trader die het geld van hun cliënten beheert, maar meestal meerdere. En in de afgelopen jaren zijn er steeds meer geautomatiseerde handelssystemen die geen huur en geen ziekteverzekering moeten betalen.

Wanneer een vermogensbeheerder de keuze heeft tussen een uitstekend handelssysteem en een middelmatige trader, dan is de keuze voor hem niet erg moeilijk.

In begrijpelijke taal betekent dit: Je moet het huis iets speciaals aanbieden. Liever iets dat het nog niet heeft. Stel dat je een degelijk daytrading-systeem op de EUR/USD hebt ontwikkeld dat gebaseerd is op steun en weerstand en goede resultaten met geringe Drawdowns behaald.

Maar de vermogensbeheerder heeft al twee traders voor de Forex en misschien ook een automatisch Forex-breakout-systeem. Wat zou dan de toegevoegde waarde voor dit bedrijf zijn?

Probeer dus iets te bieden dat verrassend is. Misschien is er een trading-niche waarin alleen jij deskundig bent? Het hoeft niet altijd Forex en Futures te zijn. Misschien ben je een specialist in Mongoolse aandelen?

Nu leiden Mongoolse natuurlijk tot een verder criterium dat belangrijk is en dat je moet begrijpen voordat je naar een vermogensbeheer gaat.

Ik weet niet precies hoeveel Mongoolse aandelen er zijn en hoe sterk de Mongoolse beurs gekapitaliseerd is. Als je deze aandelen met goed gevolg hebt verhandeld met je 500-euro-rekening, waarbij je telkens 50 stuks hebt verhandeld, is dit prima.

Maar kan je je strategie ook uitvoeren als je 50.000 stuks in Oulang Bator koopt zonder al te veel slippage (bij slippage krijgt de trader een iets slechtere prijs, omdat het orderboek aan de Mongoolse beurs niet bijzonder liquide is)?

Deze vraag moet je kunnen beantwoorden. De vraag luidt dus: is je business ook schaalbaar? Alleen dan zal de vermogensbeheerder geïnteresseerd zijn. Tenslotte moet hij het product „handel met aandelen uit Mongolië" aan potentiële klanten kunnen verkopen.

Zie je? Zo eenvoudig is het niet? Je product moet niet alleen in grote stukken kunnen worden uitgevoerd, een geïnteresseerde klant moet ook begrijpen wat je daar doet. Als de klant eerst Mongools moet leren... Ik denk, je begrijpt wat ik bedoel.

Hier wordt natuurlijk weer het voordeel van social trading duidelijk. Bij social trading ben je anoniem en ken je je klanten niet. Ze hebben ook geen contact met jou. Het is niet gewenst en het is over het algemeen beter dat je je volledig op je trading concentreert.

Maar als je naar de institutionele kant wisselt en managed accounts aanbiedt, kan het gebeuren dat je een klant die 250.000 euro wil investeren moet uitleggen waar Mongolië ligt en waarom dit een interessante markt is. Dat dit geen eenvoudig gesprek zal worden is hopelijk duidelijk.

8. Hoe word je een professionele trader

Je beslist niet in één nacht om een professionele trader te worden. Dit besluit groeit misschien met toenemende vaardigheid en vertrouwen. Denk niet dat je over bovenmaatse vaardigheden moet beschikken of zelfs een fenomenaal rendement moet bereiken om "waardig te zijn".

In de wereld van de vermogensbeheerders en hedgefondsen heersen heel andere wetten dan in de wereld van particuliere beleggers. Het is daarom goed dat je voorbereid bent op wat je daar te wachten staat.

Er zijn vele manieren om een professionele trader te worden. En geloof me, toeval en een beetje geluk spelen hier soms ook een rol. Desondanks, ook deze carrière kan net als alle andere carrières worden gepland en met succes worden uitgevoerd.

Een ding moet je bij voorbaat weten. Als je van plan bent om grotere rekeningen met geld van cliënten te traden, ga dat dan niet met scalping doen. Scalping werkt goed bij kleine rekeningen of als je particulier blijft. Dan kan je je broker uitzoeken.

Zodra je naar een professionele vermogensbeheerder gaat, kan je je broker niet meer uitzoeken. Je krijgt ook voorwaarden die je niet altijd leuk zal vinden.

Je mag ook niet zeuren als je een spread van 2 pips in de EUR/USD krijgt, of als je regelmatig geconfronteerd wordt met gedeeltelijke uitvoeringen en slippage. Dat zal je meestal niet kunnen veranderen.

Stel je erop in om een strategie te traden die ook op hogere timeframes werkt (een uur-grafiek, vier-uur-grafiek of daggrafiek). Een miljoenrekening is gewoon niet hetzelfde als een 500-euro-rekening.

Tot een goede planning behoort in elk geval het opbouwen van een trackrecord. Dit moet natuurlijk op een life-account gebeuren. Handel één jaar lang gedisciplineerd. Probeer een conservatief risicomanagement te bedrijven. Dat wil zeggen dat je al het mogelijke eraan doet om ervoor te zorgen dat je maximale drawdown onder de 10% blijft. Nog liever onder de 5%.

Als je een jaarlijks rendement van 12-15% kunt genereren met een drawdown van minder dan 5%, dan heb je een goede kans dat je serieus wordt genomen. Een zorgvuldige trading-dagboek met gedetailleerde statische analyse is een must. Je hebt waarschijnlijk een probleem wanneer je tijdens het sollicitatiegesprek bij een vermogensbeheerder niet kunt vertellen hoe hoog je payoff-ratio is.

De reden daarvoor is heel eenvoudig. Een vermogensbeheerder doet in principe niets anders dan financiële producten verkopen. En één van deze financiële producten zou wel eens jij kunnen zijn met je robuust tradingsysteem.

Natuurlijk zijn de klanten hebzuchtig en willen een zo hoog mogelijk rendement voor hun geld. Wanneer je dan in alle rust aan de klant vraagt hoeveel risico hij wil aangaan om dit hoog rendement te bereiken, wordt hij al iets rustiger. Hij wil natuurlijk geen grote schommelingen op de rekening.

Daarom zijn vermogensbeheerders geïnteresseerd in systemen en traders die deze eisen precies kunnen naleven. Het is ook veel belangrijker dat je een gladde kapitaalcurve zonder veel ups and downs kunt tonen.

Daarom hebben traders, die een "saai" rendement van 12% per jaar zonder noemenswaardige schommelingen op hun kapitaalcurve kunnen tonen, een veel grotere kans dat ze de job krijgen dan de vele hoogvliegers die 100% per jaar produceren.

Het zijn niet altijd de traders met het hoogste rendement die erin slagen om gedurende een lange periode succesvol te zijn. Succesvolle professionals werken bijna altijd zonder leverage (hefboom).

De denkwijze van een professional is ook heel anders dan die van een particuliere belegger. Particuliere beleggers willen een zo hoog mogelijk rendement. De professional kijkt vooral naar hoe dit rendement wordt bereikt. Wordt dit rendement met hoge risico's bereikt, zal hij waarschijnlijk niet geïnteresseerd zijn in het product.

Vergeet niet: de professional moet deze strategie verkopen! Als de volatiliteit van de kapitaalcurve laag is en de trader heeft de drawdowns onder controle, dan kan hij een dergelijk product gemakkelijker aan een vermogende klant kwijt.

Je kunt een dergelijk conservatief product overigens ook hefbomen. Dan wordt uit "slechts" 12% per jaar snel al 24% of 36%.

Als je nu met een door je broker gecertificeerde trackrecord tot een interview wordt toegelaten, dan mag je niet verwachten dat je direct een rekening met een miljoen euro krijgt aangeboden.

Afhankelijk van de vermogensbeheerders kan het zelfs zijn dat je wordt gevraagd om eerst zelf een rekening bij een in-house broker te openen en deze 3 maand lang met je strategie te traden.

Loopt het goed, dan komt het vervolgens misschien tot een tweede gesprek. Mocht je het tot nu toe hebben gemaakt, dan is het goed mogelijk dat je een rekening van 25.000 of 50.000 euro mag gaan traden.

Het is je hopelijk duidelijk dat je met dit kapitaal nog steeds niet je levensonderhoud kunt verdienen. Daarvoor heb je een nul meer nodig, maar dat kan sneller komen dan je denkt, als het management tevreden is met je prestaties.

Je dromen worden al snel werkelijkheid wanneer je al zover bent gekomen dat je een 300,000 euro rekening gedisciplineerd kunt traden.

Iedere vermogensbeheerder heeft zijn eigen voorstelling over hoe een nieuwe trader moet worden „opgebouwd". Vergeet ook niet de psychologische druk die op je af komt. Het is iets heel anders als je 5 standaard-lots in een valutapaar koopt dan wanneer je alleen maar 5 Minilots koopt. Ook deze „hindernis" moet je nemen als je een professional wilt worden.

9. Traden voor een hedgefonds

Met betrekking tot hedgefondsen kan ik het kort houden. Het is mogelijk om een job bij een hedgefonds te krijgen, maar het wordt steeds moeilijker. De grootste handelsboeken worden tegenwoordig vooral beheerd door machines. Hedgefondsen zijn daarom ongelooflijk kieskeurig geworden. Ze nemen niemand die niet uitzonderlijke prestaties kan bieden.

Het zwaarst hebben de traders die zijn gespecialiseerd in de valutahandel. Deze is nu grotendeels geautomatiseerd.

Bovendien spelen de toezichthouders een rol. Na de recente schandalen rond de manipulatie van de wisselkoersen, waarbij een aantal grote commerciële banken waren betrokken, willen de autoriteiten dat de „discretionaire" trading wordt beperkt.

Zelfs als je een topprestatie in de Forex hebt bereikt en een uitstekende trackrecord kunt tonen, zul je het waarschijnlijk moeilijk krijgen om hier te beginnen. Het is niet onmogelijk, maar de kansen zijn gering.

Daarbij komt het feit dat je nauwelijks een job kunt krijgen zonder een universitair diploma. En dat is nog niet alles. Hedgefondsen willen graag afgestudeerden met een masterdiploma of een MBA-diploma.

Bovendien solliciteren meer en meer traders met een doctoraatopleiding in de statistiek of wiskunde, omdat de financiële wiskunde een steeds groter belang krijgt in de branche. Kan jij met deze mensen concurreren?

10. Leer netwerken

Het zal inmiddels ook duidelijk zijn geworden dat, zoals zo vaak in het leven, goede vakkennis niet volstaat. Vaker gaat het erover *wie* je kent als je een interview wilt krijgen.

Ik kan uit eigen ervaring zeggen dat in deze branche voor mij de meeste deuren zijn open gegaan omdat ik die of die persoon kende.

Of ik had met een van hen een gesprek op een van de vele financiële beurzen die er zijn. Of ik ging na een voordracht in een kleine groep zitten om op deze manier bepaalde personen te leren kennen.

Als ik een broker, een vermogensbeheerder een professional iets interessants over trading had te vertellen, ging hij altijd luisteren. Dit heeft zeker niet direct geleid tot een job. Maar een interessant contact kan helpen.

Hoewel de hele trading-industrie meer en meer technisch en geautomatiseerd wordt, wordt het toch nog steeds gerund door mensen. En mensen willen aandacht, ze willen worden begrepen en gewaardeerd. Vergeet dat niet.

Natuurlijk zijn er ook online netwerken, maar ze zijn volgens mijn ervaring veel minder effectief dan direct contact. Toch zijn de online netwerken een aanvulling op de persoonlijke contacten en ze zorgen ervoor dat de mensen die op een zekere dag voor je interessant kunnen worden jou ook in de gaten houden.

Het is niet verkeerd om af en toe interessante inhoud te posten. Dat kan een analyse van een aandeel of een valutapaar zijn. Het kan ook een originele blik op het huidig monetair beleid van een centrale bank zijn. Het hoeft niet, maar het helpt zeker om je credibiliteit in de branche te versterken.

Vanaf nu ga je niet meer naar Facebook als je jezelf "uiten" wilt. Als je je draai wilt vinden in de financiële sector, dan heb je een profiel nodig op het zakelijk netwerk Linkedin.

Dit netwerk is het grootste en je zult er meestal die mensen ontmoeten die je op beurzen of voordrachten hebt leren kennen. Zelfs je broker is hier vertegenwoordigd, maar ook hedgefondsmanagers en vermogensbeheerders. Dus ga hier op zoek naar contacten.

Het is zeker niet verkeerd om een paar van deze mensen te bellen, ok al ben je misschien niet op zoek naar een job. Hoe meer gekwalificeerde contacten je hebt, hoe beter. Je weet nooit uit welke hoek je volgende carrièrestap komt.

11. In 7 stappen naar een professionele trader

1. Leer te traden en gebruik vanaf het begin goede trading-gewoontes. Bezoek seminars of workshops. Lees goede boeken over trading. Doe ervaring op.
2. Werk aan een strategie die bij je past. Het kan iets eenvoudigs zijn, maar geen scalping.
3. Zoek een broker die bereid is om je trackrecord te certificeren. Weigert je huidige broker of geeft hij je slechts een vaag antwoord, ga dan verder zoeken.
4. Verhandel je strategie één jaar lang. Zorg voor een conservatief risicomanagement. Probeer de maximale drawdown onder de 10% te houden. Je mag daytraden, maar werk met stops die verder weg liggen. Handel op een manier dat je deze strategie ook zonder problemen met 10 miljoen euro kunt uitvoeren.
5. Begin direct met networking. Maak contacten in de branche. Bezoek beurzen of ga naar de "Dag van de belegger". Praat met fondsmanagers en vermogensbeheerders. Vraag aan welke voorwaarden nieuwe traders moeten voldoen om voor hun huis te traden.
6. Neem contact op met verschillende vermogensbeheerders met als doel geld van cliënten te traden. Begin klein en werk jezelf omhoog.

7. Houd ook contact met andere vermogensbeheerders of fondsen. Ook wanneer je een job hebt, je weet niet of je het na een jaar nog steeds hebt. Blijf in beweging.

12. 500 euro is veel geld

Ook als je het vandaag nog niet kunt voorstellen, je kunt met een 500-euro-rekening trader worden. Er is wereldwijd tonnen geld beschikbaar die op je staat te wachten om nuttig gebuikt of vermenigvuldigd te worden. Het is zelfs zo dat er meer geld is dan beleggingsmogelijkheden.

Beperk jezelf dus niet. Het is niet omdat op dit moment het geld niet op je bankrekening staat, dat dit niet kan veranderen. Maak echter ook niet de fout dat je van 500 euro direct 5 miljoen wilt maken. Ga stap voor stap vooruit. Leer eerst om een goede trader te worden, het geld zal uiteindelijk volgen. Niet omgekeerd.

En vooral: leer eerst te waarderen wat je hebt. Als je 500 euro beschikbaar hebt om te traden, behandel deze 500 euro dan alsof het 500.000 euro is. Veel te veel beginnende traders doen juist het tegenovergestelde. Ze verspillen het beetje wat ze hebben.

Maar dat beetje is niet weinig. Het is precies het bedrag dat nu bij je past. Ga op een verantwoorde wijze ermee om, dan stelt het universum vroeg of laat grotere bedragen ter beschikking. En laat het ook over aan het universum hoe dit in zijn werk gaat. Je weet wel, het is oneindig en er zijn geen grenzen.

Veel succes!

Heikin Ashi Trader

Je kan me bereiken onder: pdevaere@yahoo.de

Andere boeken van Heikin Ashi Trader

Hoe scalp ik de Mini-DAX-Future?

Dankzij de introductie van de Mini-DAX-Future (symbool FDXM) hebben particuliere beleggers met kleinere accounts nu ook de mogelijkheid om de Duitse DAX-index tegen professionele condities te scalpen. In tegenstelling tot de meeste andere alternatieven zijn futures de meest transparante en effectieve instrumenten om op de financiële markten geld te verdienen.

Scalpers hebben oneindig veel meer opportuniteiten om te traden dan positie-traders of daghandelaren. Hier ligt de werkelijke kracht van deze trading-stijl. Een scalper kan zijn kapitaal veel effectiever beheren dan alle andere marktdeelnemers en haalt aldus een veel hoger rendement.

De Heiken Ashi Trader toont in dit boek hoe u deze nieuwe future op de DAX succesvol kunt scalpen. U leert hoe u de markt binnenstapt, hoe u uw posities moeten beheren en op welk punt u er weer uit moet. Daarnaast bevat het boek een schat aan tips en tools om de eigen handel nog efficiënter en nauwkeuriger te maken.

Inhoud

1. De EUREX introduceert de Mini-DAX Future

2. Voordelen van de handel in futures

3. De heikin-ashi-grafiek

4. Wat is scalping?

5. Wat is het voordeel van een scalper?

6. Basis-setup van de heikin ashi scalping-methode

7. entry-strategieën

8. Zijn re-entries nuttig?

9. Exit-strategieen

10. Zijn meerdere koersdoelen nuttig?

11. Wanneer u de Mini-DAX moet scalpen (en wanneer niet)

12 Handige tools voor scalpers

A. Orders plaatsen

B. openen en sluiten van orders

C. Het beheer van openstaande orders

D. De trailing stop als hulpmiddel voor winstmaximalisatie

13. Verschillende stop-soorten

A. De vaste stop

B. De trailing stop

C. De lineare stop

D. De tijdstop

E. De parabolische stop

F. Stop orders koppelen

G. multiple stops en multiple targets

15. Geld wordt op de beurs met exit-strategieën verdiend!

16. Verdere ontwikkeling van de marktanalyse

   A. Key Price Levels

   B. LiveStatistics

Slotwoord

Verklarende woordenlijst

Meer boeken van Heiken Ashi Trader

Over de auteur

Colofon

Over de auteur

Heikin Ashi Trader wordt wereldwijd gezien als de specialist in scalping met de Heikin Ashi grafiek. Hij handelt al 19 jaar op deze manier. Hij werkte voor een hedgefonds en ging daarna op eigen houtje Zijn scalpingboek "Scalpen is leuk!" is een internationale bestseller en werd meer dan 30.000 keer verkocht. Meer informatie over zijn scalpingmethode vindt u op zijn website: www.heikinashitrader.net.

Colofon

Tekst: © Copyright by Heikin Ashi Trader

Niets uit deze uitgave mag worden verveelvoudigd, opgeslagen in een geautomatiseerd gegevensbestand, of openbaar gemaakt, in enige vorm of op enige wijze, hetzij elektronisch, mechanisch, door fotokopieën, opnamen, of enige andere manier, zonder voorafgaande schriftelijke toestemming van de uitgever. Ondanks alle aan de samenstelling van dit boek bestede zorg kan noch de uitgever noch de auteur aansprakelijk worden gesteld voor eventuele schade die het gevolg is van enige fout in deze uitgave.

Eerste oplage 2019

Published by Dao Press

Dao Press is an imprint of

Splendid Island, Ltd

Scanbox#05927, Ehrenbergstr 16A

10245 Berlijn - Duitsland

Alle rechten voorbehouden

www.ingramcontent.com/pod-product-compliance
Lightning Source LLC
Chambersburg PA
CBHW031545210526
45464CB00003B/1166